Para tus hijos y los míos, yo sueño de viajes sin paredes.
Canta en voz alta la canción que llevas en el corazón, y salta, salta, salta
para hacer de tus sueños una realidad.

Un agradecimiento especial a mi querida amiga
Edith y Elba Rueda. Te quiero tanto.
Nunca es tarde para hacer de tus sueños una realidad.
Yo creo en ti.

For your children and my own, I dream of journeys without walls.
Sing your heart's song out loud and Hop Hop Hop to your greatest dreams.

Special thanks to Edith my dear friend and Elba Rueda. I love you both.
It is never too late to follow a dream.
I believe in you.

Hip Hop y la Pared

Impreso en los Estados de América (USA)
Printed in United States of America (USA)
Publicado por Great Books 4 Kids
Published by Great Books 4 Kids
(http://www.greatbooks4kids.org)

ISBN 978-0-9822168-5-9

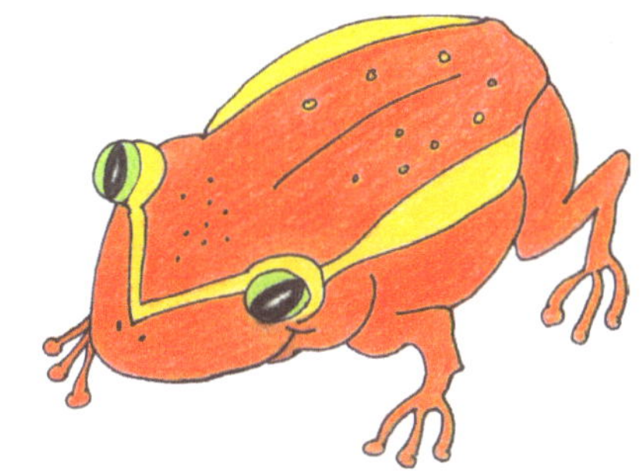

Hip Hop era una rana inteligente.
El creía en la felicidad y en hacer realidad los sueños de corazón.

Hip Hop was a smart frog.
He believed in being happy and following his heart.

Un día Hip Hop decide viajar para encontrar su camino en el mundo.

El **salto, salto, salto** a través del camino.

One day Hip Hop set off to find his way in the world.

He ***hop, hop, hopped*** *along the path.*

El salto por delante de una charca pequeña,
adonde había unas ranas jugando.
El no paro para hablar.

He hopped past a small puddle,
where some frogs were playing.
He did not stop to talk.

El **salto,** **salto,** **salto** hasta un estanque.

En el estanque había muchas ranas verdes con manchas.
"Ven y juega con nosotros," le gritaron las ranas.
"Estoy de viaje. No puedo detenerme ahora,"
le contesto Hip Hop a las ranas.

*He **hop,** **hop,** **hopped** to a pond.*

There were many green speckled frogs at the pond.
"Come and play with us," yelled the frogs.
"I am on a journey. I can not stop now,"
Hip Hop said to the frogs.

Las demás ranas sentían curiosidad.
Ellos decidieron seguir y averiguar hacia donde
se dirigía Hip Hop.

Ellos **saltaron**, **saltaron**, **saltaron** detrás de el.

*The other frogs were curious.
They decided to follow and see where
Hip Hop was going.*

They ***hop***, ***hop***, ***hopped*** *behind him.*

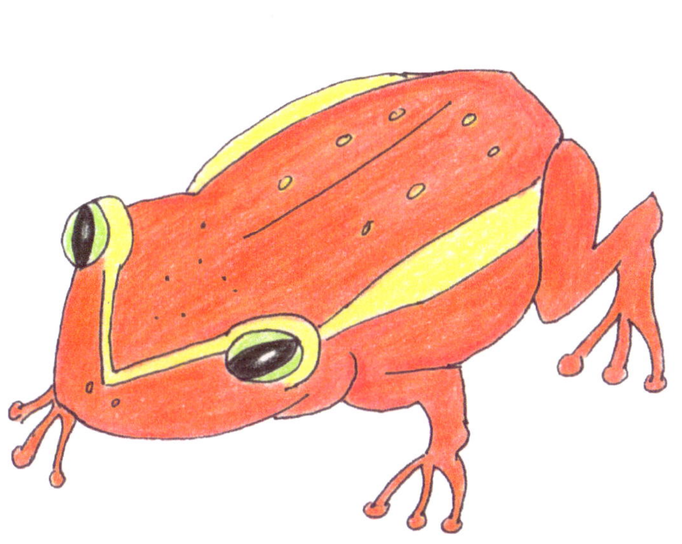

De pronto Hip Hop se encontró frente a una pared.
"¡Regresemos!" le grito una de las ranas.
Pero Hip Hop no podía regresar porque
estaba en un viaje.

El **salto, salto, salto** hacia delante.

Soon Hip Hop came to a wall.
"Let's go back!" yelled one frog.
But Hip Hop was on a journey.

*He **hop, hop, hopped** forward.*

Las demás ranas decidieron seguir a Hip Hop.
El empezó a subir por la pared.
Según subía, Hip Hop cantó a sí mismo,
"**¡Yo creo que puedo, yo se que puedo, y si me caigo, tratare de nuevo!**"

Hip Hop **salto, salto, salto** hacia delante.

The other frogs followed Hip Hop.
He started to climb the wall.
As he climbed, he sang to himself
"I think I can, I know I can, and if I fall, I'll try again!"

*Then he **hop, hop, hopped** forward.*

La pared era muy empinada. Subirla era difícil.
Una rana azul le grito, "¡Eso es muy difícil!"
Una rana amarrilla le grito, "¡Nunca lo lográremos!"
"¡Vamos a darnos por vencidos y regresemos!"
le dijo una rana roja.
Según las ranas se quejaban una por una se
iban cayendo de la pared.

The wall was very steep. The climb was hard work.
One blue frog yelled, "This is too hard!"
A yellow frog cried out, "We'll never make it."
"Let's give up and go back,"said a red frog.
As the frogs complained they fell from the wall.
One by one the frogs fell.

Hip Hop no podía escuchar las quejas de las demás ranas.
Su canción era demasiado alta.
"¡Yo creo que puedo, yo se que puedo, y si me caigo, tratare de nuevo!" cantaba Hip Hop.

Hip Hop **salto, salto, salto** hasta la pared.

Hip Hop could not hear the other frogs complaining.
His singing was too loud.
"I think I can, I know I can, and if I fall, I'll try again!"
sang Hip Hop.

*Then he **hop, hop, hopped** up the wall.*

Más ranas llegaron para ver la pared.
"¡Nadie puede subir hasta lo alto de la pared!" ellos pensaban.
Muchas de las ranas se dieron por vencidas sin haber
hecho el esfuerzo de tratar.
Hip Hop continúo cantando,
**"¡Yo creo que puedo, yo se que puedo, y si me caigo,
tratare de nuevo!"**

Hip Hop **salto, salto, salto** hacia delante.

*More frogs came to see the wall.
"No one can make it to the top!" they thought.
Many frogs gave up with out even trying.
Hip Hop kept singing.*
"I think I can, I know I can, and if I fall, I'll try again!"

*Then he **hop, hop, hopped** forward.*

Finalmente Hip Hop llego hasta lo más alto de la pared.
El miro hacia bajo y vio un lago precioso.
En el lago había muchas ranas de colores.
"¿Que hicieron para poder saltar la pared?"
Hip Hop le gritó a las ranas en el lago.
Las ranas del lago le gritaron para atrás,
"¡Creemos en nosotros! Nosotros acabamos
de mantenerse saltando!"

Finally Hip Hop reached the top of the wall!
He looked down and saw a beautiful lake.
There were many colorful frogs in the lake.
"How did you make it over the wall?"
Hip Hop yelled to the frogs in the lake.
The frogs in the lake shouted back,
"We believed in ourselves. We just kept hopping!"

Hip Hop quería regresar a contarle a las demás
ranas lo que el encontró. Salto de la pared.
"¡Encontré un lago maravilloso!"
Hip Hop le dijo a las ranas amarrillas, azules, y rojas.
"¡Si puede creer en ti mismo, puede subir la pared también!"
dijo Hip Hop alegremente.

Hip Hop wanted to go back
and tell the other frogs what he had found.
He jumped back down the wall.
"I have found a great lake."
Hip Hop told the yellow, blue, and red frogs.
"If you believe in yourself, you can make it up the wall too!"
he said happily.

¡Muchas de las ranas creyeron!
Esta vez las ranas cantaban mientras subían la pared,
**"¡Yo creo que puedo, yo se que puedo,
y si me caigo, tratare de nuevo!"**
Las ranas que subían la pared cantando
no podían oír lo que las demás ranas decían,
"Tu no tendrás éxito. Te vas a caer. Es muy difícil."
Las ranas cantaban tan alto, que lo único que oían
era la canción que tenían adentro de su corazón.

*Many frogs did believe!
This time the frogs sang as they climbed,*
"I think I can, I know I can, and if I fall I'll try again!"
*The singing frogs could not hear the other frogs saying,
"You will not succeed. You will fall. It is too hard."
The singing frogs were so loud that they
only heard the song of their heart's desire.*

Todas las ranas que cantaban
pudieron subir hasta lo más alto de la pared.
Ese día las ranas aprendieron a creer en ellas.
Aprendieron a cantar en alta voz
la canción de su corazón.
Lo mejor de todo era saber que si se caían,
podían levantarse de nuevo, y ...

seguir saltando, saltando, saltando!

*Every frog that sang,
climbed to the top of the wall.
That day, the frogs learned to believe in themselves.
They learned to sing their heart's song loudly.
But best of all, they learned that if they fell,
they could get back up and ...*

keep hop, hop, hopping!

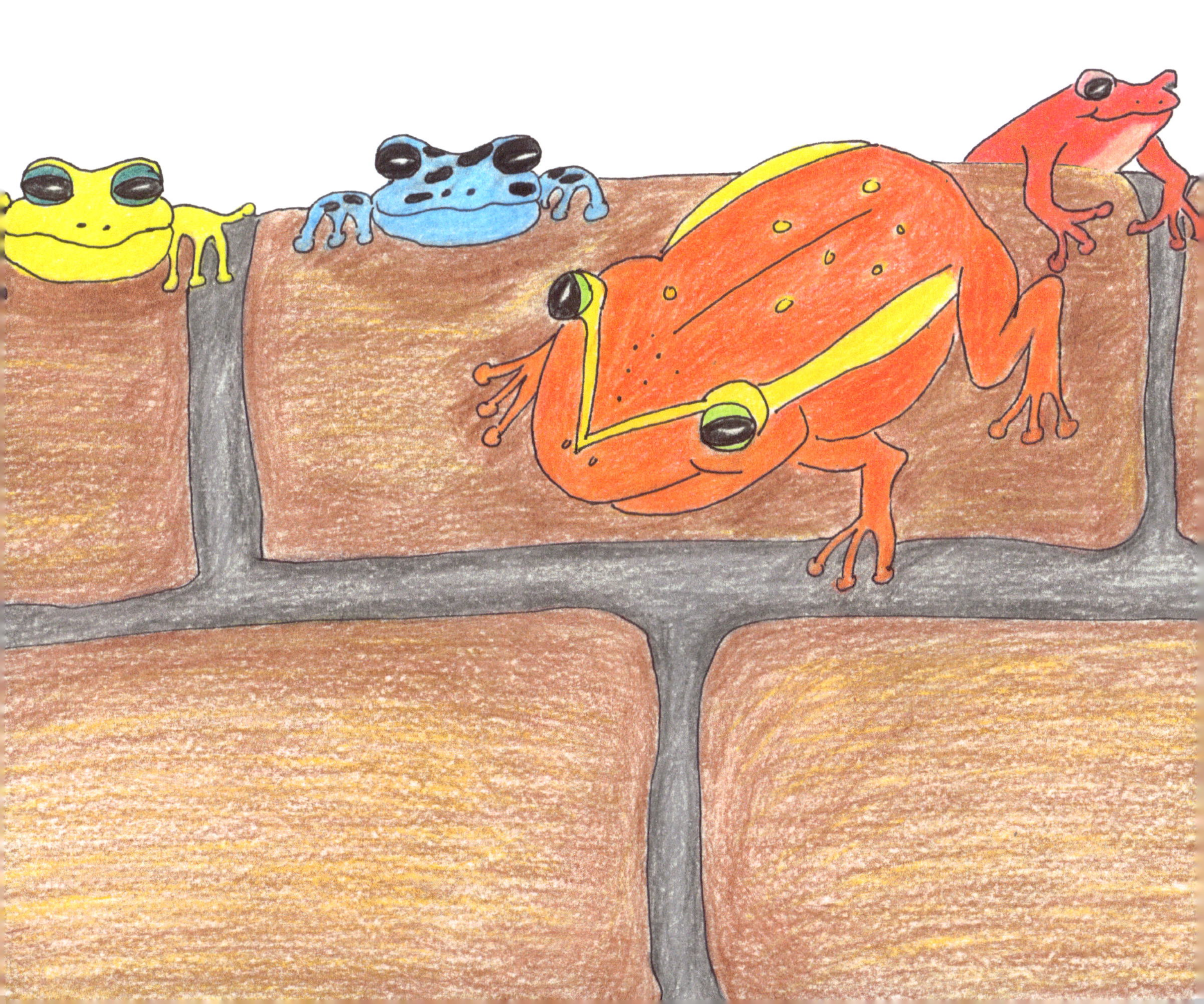

Diccionario (Dictionary)

a través	along
alegremente	happily
amarrilla	yellow
amigos	friends
averiguar	find, see
azul	blue
camino	way
caigo	fall
charca	puddle
conocer	to learn, to meet
continúo	kept going, continued
corazón	heart
creer	think, believe
de nuevo	again
decidieron	decided
demasiado	too much, too loud
detener	detain, stop
difícil	dificult, hard
el	he
ellos	they
empinado	steep
encontrar	find
escuchar	hear, listen
estanque	pond
estimular	encouraqes
felicidad	happy
hablar	talk
inteligente	smart, intelligent

jugando	playing
lago	lake
lo mas alto	top
lográremos	make it
manchas, mancha	speckled
mantener	keep
maravilloso	wonderful
mas allá	beyond
mundo	world
nuevo, nuevos	new
nunca	never
para	for, to
pared	wall
paro	stop
pequeño	small
pero	but
puedo	can
quejaban	complained
rana	frog
regresemos	return, go back
roja	red
salto, saltando	hoppinq
seguir	follow
subir	climb
sueños	dreams
tratare	try
vencer obstáculos	overcominq
vencidos	giving up, beaten
verdes	green
viaje, viajes	travel, journey, journeys

www.ingramcontent.com/pod-product-compliance
Lightning Source LLC
LaVergne TN
LVHW070153230826
846093LV00002B/16

* 9 7 8 0 9 8 2 2 1 6 8 5 9 *